Ezéchiel
Zérah

99 CHOSES
à goûter à Paris

Illustrations
Polina Jakimova

Flammarion

Avant-propos

Mon histoire avec Paris a mal commencé. En 2009, je débarque de ma Provence natale pour suivre mes études et je veux m'acheter une part de pizza près de la chic place des Ternes. C'est l'une des premières choses que j'ai (failli) goûtée... Je fais la demande au vendeur de Domino's Pizza qui me regarde avec de grands yeux. Il ne m'a pas répondu ça mais j'ai entendu : «Nous sommes dans la capitale Monsieur, il y a des codes à respecter». Une décennie s'est écoulée et j'ai compris que les multinationales de la sauce tomate étalée sur cercles de pâtes n'avaient pas imité leurs cousins camions pizza marseillais, où l'on vient échanger ses piécettes contre une simple «portion». Depuis, la capitale en question est devenue mon terrain de jeu. Si je me repère un peu moins mal aujourd'hui, c'est grâce aux restaurants. Ils sont ma boussole, et un peu ma maison aussi puisque j'y passe plus de temps que dans mon propre chez moi. Ce livre est un hommage à ces théâtres d'un autre genre, mais aussi à ces valeureux commerces de bouche (un jour, il faudra inventer un autre mot) que la Terre entière nous envie, à commencer par la pâtisserie et la boulangerie (51 choses sucrées citées ici).

Quelles sont les 99 choses à manger que j'achèterais à Paris et que j'emmènerais sur une île déserte? Voilà la question que je me suis posée. Une partie de mes restaurants préférés n'y figurent cependant pas, car je n'ai pas trouvé LE truc ultime à extraire de certains lieux. Je pense à toute la carte du restaurant marocain Le Tagine, animé par une patronne qui n'a pas la langue dans sa poche, au café Jeannette qui réconcilie avec les abords des gares, à Pleine Terre qui est une table gastronomique complètement hors des radars, à Pétrelle qui pousse à accélérer une demande en mariage ou encore au Café Mirabelle où le brunch d'inspiration alsacienne semble tout droit sorti d'un film enchanté... Mais voilà une bien mauvaise manie : parler des choses qui ne sont pas là.

Un mot sur ces 99 choses donc. Elles sont le fruit de près de dix années à arpenter Paris une fourchette à la main. 250 restaurants par tranche de 365 jours, jamais moins (et autant d'artisans à aller voir). En plus d'avoir déshabillé mon répertoire gourmand pour cette sélection très personnelle, j'ai invité à ma table 33 excellents palais qui esquissent leurs propres coups de cœur en bonus. Saisonnalité oblige (ou choix de l'enseigne), une poignée de ces 99 + 99 choses ne sont pas disponibles immédiatement. Pas grave, l'attente crée le désir. Et le désir donne faim. Bon appétit!

Ezéchiel Zérah

Ex-rédacteur en chef des pages gastronomie de *L'Express*, Ezéchiel Zérah est journaliste gastronomique indépendant. Il écrit aujourd'hui pour *M Le Monde, Libération* et *Les Echos Week-end* et dirige sa newsletter Pomélo, envoyée quatre fois par semaine à 7000 actrices et acteurs de la gastronomie en France.

LES 99

CHOSES

Ceci est l'une des
99 choses à manger

LE YAOURT

Vous avez déjà goûté ?
Cochez la case !

Les ayatollahs de l'artisanat ne manqueront pas de signaler que les beurres Bordier - qui défilent sur les plus grandes tables de Paris avec des robes différentes (1,6 % de sel au sein du restaurant 2 étoiles Michelin Guy Savoy, 2,8 % chez le confrère 3 étoiles l'Arpège) - ont été rachetés par un industriel. Ce qui n'enlève rien à la qualité de leurs yaourts au lait entier, en particulier celui à l'ananas-orange ou encore celui mangue-passion aux acidités rondes bienvenues. L'encas sucré parfait.

Vos impressions

Bordier
À retrouver dans de nombreuses bonnes fromageries, notamment Martine Dubois : 80 rue de Tocqueville, 17e • 01 42 27 11 38

1,40 € pièce

LE RUGELACH

J'avais mis un croissant traditionnel ici au départ mais, c'était avant d'avoir goûté le mini-croissant brioché au chocolat, au cacao et à la cannelle de Babka Zana, nouveau héros de la boulangerie parisienne. C'est la texture qui me fascine car on dirait presque de la pâte crue alors que ce n'est pas le cas. Je pourrais en avaler 10 ou 15 à la suite.

Babka Zana
65 rue Condorcet, 9e
06 19 02 55 42
babkazana.com

1,70 € la pièce

LE PAIN SUISSE

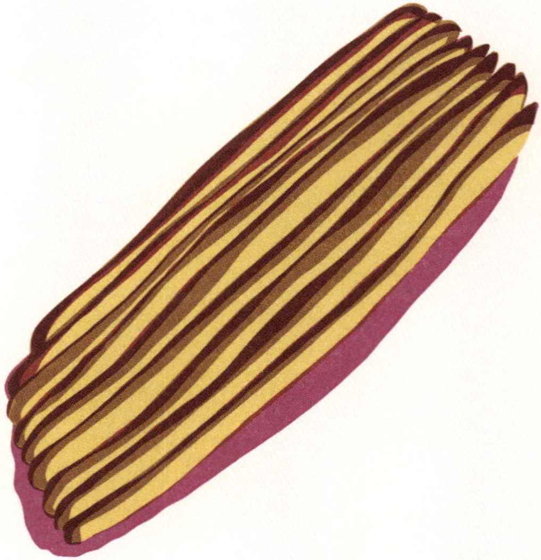

Il y a au sein de la boulangerie Bacillus un trésor que les initiés becs sucrés connaissent : le pain suisse croustillant, garni de crème pâtissière encore souple (surtout quand vous passez le chercher vers 7 h 30 le matin) et de pépites de chocolat. Pas pour rien que l'établissement, ouvert en 2019, ait été finaliste de l'émission de M6 *La Meilleure Boulangerie de France* deux ans plus tard.

Boulangerie Bacillus
100 rue des Dames, 17e
07 67 73 46 17
bacillus.paris

2,50 €

LES CHOUQUETTES ☐

Boulanger parisien majeur mais sous-côté malgré son col bleu-blanc-rouge de Meilleur Ouvrier de France. Les chouquettes (et les viennoiseries de manière générale) valent le détour : mignonnes avec leur petit format, très croustillantes, caramélisées même. Prenez plus que ce que vous avez prévu : elles ne durent jamais assez longtemps.

Laurent Duchêne
2 adresses à Paris
laurentduchene.com

2,60 € les 100 g

LE FONTAINEBLEAU

Un dessert qui annonce les beaux jours. On est ici entre une texture de chantilly épaisse et de poudreuse au lait, équilibre lactique arrondi par la mousse de marron sur le dessus. Un ami franc-comtois qui déteste le fromage adore ce fontainebleau, c'est dire…

Fromagerie Martine Dubois
80 rue de Tocqueville, 17e
01 42 27 11 38

2,60€

LE CORNET DE GLACE

Folderol est un glacier qui pourrait créer des vocations. Moi-même, si je n'étais pas journaliste... je m'égare. Les crèmes glacées sont très réconfortantes, comme la menthe-chocolat indépassable, la café, la birthday cake très américaine, avec des morceaux de gâteau à mâchouiller. N'oubliez jamais le cornet à la texture biscuitée extraterrestre.

Folderol
10 rue du Grand Prieuré, 11e
01 43 55 02 57
folderol.com

À partir de 3 € le cornet de glace (à emporter)

LA QUICHE

Ne pas se fier au site Internet, loin, très loin d'être aussi bien fait que ces quiches à l'intérieur humide qui m'ont réconcilié avec les quiches alors que je détestais ça (trop mastoc, trop pâteux, trop tout court). Le stop-faim ultime avant de filer dans un TGV. Au choix : quiches lorraines, courgette-chèvre, provençale ou printanière.

Boulangerie Vandermeersch
278 avenue Daumesnil, 12e
01 43 47 21 66
boulangerie-patisserie-vandermeersch.com

3,20 €

LA TARTE AUX POMMES

Un vrai goût de pomme, un petit jus concentré sur le dessus parsemé de cannelle, une pâte qui ne sert pas de support seulement. Et puis cette odeur de beurre et d'amande... Ou comment la boulangerie Léonie m'a fait adorer la sempiternelle tarte fine aux pommes de boulangerie. Le chef Kamel Saci - qui a bluffé son monde outre-Atlantique et notamment le *New York Times* - est un as.

Léonie
5 adresses à Paris
leoniebakery.com

3,50€

LA CRAMIQUE

Voilà un produit qui n'a pas donné son nom à l'enseigne, contrairement à la spécialité de meringue et de crème fouettée, mais c'est ce que je prends à chaque fois : une très grosse brioche («la moins cuite s'il vous plaît») et ses gros cristaux de sucre. Ne croyez pas que c'est une montagne à manger solo : on y arrive toujours.

Aux Merveilleux de Fred
13 boutiques à Paris
auxmerveilleux.com

4€

LA GLACE À LA ROSE

Le meilleur restaurant iranien de Paris prépare logiquement les meilleures glaces iraniennes de la capitale, avec du lait entier et du mascarpone. Farah Diba, ex-impératrice d'Iran qui vit entre la France et les États-Unis, a toujours de la glace Mazeh à l'eau de rose dans son congélateur. Celle au safran mérite aussi des louanges.

Mazeh
65 rue des Entrepreneurs, 15e
01 45 75 33 89
mazeh.com

4€ la boule

LA TARTE À LA CACAHUÈTE

Un gâteau étrange - cacahuète et guimauve - mais surtout un gros câlin préparé par ce qui est sans doute ma pâtisserie préférée à Paris et elle n'est même pas française mais anglo-saxonne! La brioche feuilletée garnie de crème pâtissière vaut elle aussi le voyage, tout comme le pudding et le cookie chocolat-sarrasin.

Le Petit Grain
7 rue Denoyez, 20e
06 34 05 20 28

4€

LA GAUFRE

Expert de la street food avec ses différents restaurants, le jeune Moïse Sfez s'est mis à la gaufre de Liège avec son coffee-shop hommage à son grand-père. On a rarement, à Paris, une pièce aussi intéressante, caramélisée sur les bords, mœlleuse à l'intérieur, avec un petit goût de vanille. L'autre produit fort recommandable des lieux, c'est la version maison du «McMuffin» de vous savez qui, avec de l'œuf, du fromage, du bacon de veau et de l'avocat à l'intérieur.

Maurice Sfez Café
14, rue Rambuteau, 4e
homerfoodgroup.com

4,50€

LE FAR BRETON

Les deux fondatrices de la boulangerie moderne préférée des Parisiens trouvent ce dessert moche et le valorisent peu… alors que c'est l'une des pépites des lieux, au moins aussi bon que les beignets fourrés et la brioche babka, et surtout sensuel (oui !), humide, dense mais pas trop. Le phare des fars.

Mamiche
2 adresses à Paris
mamiche.fr

4,50 €

LES MERINGUES

Comme son nom l'indique, la pâtisserie La Meringuaie ne propose que des produits à base de meringue, dont d'excellentes pavlovas. On aime particulièrement les petites meringues en sachet, aromatisées ou pas, qui se mangent comme ça, la chose dans le bec, l'une après l'autre. C'est encore meilleur le lendemain, quand l'intérieur de la meringue est fondant et l'extérieur toujours aussi sec.

La Meringuaie
4 adresses à Paris

4,50 € le sachet

LE MOELLEUX MARRON-RHUM

C'est le petit sachet rangé sur la caisse que vous glissez au dernier moment et que vous regrettez de n'avoir acheté qu'en un seul exemplaire. La définition ultime du «mœlleux». Par Claire Damon, cheffe pâtissière appelée à devenir la Pierre Hermé au féminin.

Des Gâteaux et du Pain
2 adresses à Paris
desgateauxetdupain.com

4,90€

LES FRITES

C'est la nouvelle adresse que toute la presse gastronomique applaudit. Dans ce lieu à l'allure de bistrot-bar PMU officie un ancien de Jean-François Piège et David Toutain, tous deux chefs 2 étoiles Michelin. D'où des perles de l'entrée au dessert, y compris les frites (fines) cuites à la graisse de bœuf accompagnées d'un pot de sauce algérienne maison.

Le Cornichon
2, rue des Goncourt, 11e
01 42 54 18 32
lecornichon.paris

5€

LE GÂTEAU AU CHOCOLAT

On dirait le cake tout droit sorti du film *Matilda*, celui, immense et recouvert de glaçage, que la directrice impose à un élève d'engloutir. Pas de punition chez Snack Attack, enseigne américano-californienne à emporter qui a mis à terre tous les foodies depuis son ouverture en 2021.

Snack Attack
27 rue Marguerite de Rochechouart, 9e
09 53 81 76 53
snack-attack.fr

5€

LES OURSONS EN CHOCOLAT

Des oursons à la guimauve délicate, finement enrobés de chocolat noir ou au lait. J'avance ici que je les préfère à ceux de Cyril Lignac, pourtant déjà très bons. Bonus non négligeable : les lieux, une chocolaterie-confiserie d'antan méconnue des Parisiens.

Au Bonbon Royal
56 rue Jouffroy d'Abbans, 17e
01 42 27 80 98
aubonbonroyal.com

5 € le sachet de six

LES POMMES DAUPHINES

Le patron respecte la tradition des patrons de bistrots parigos (pas très sympa, sauf avec les copains) mais pas grave, sa sœur mitonne de telles pommes de terre-purée à l'allure de longues croquettes que je pardonne tout. L'une des mets préférées de nombreux journalistes gastronomiques et foodies bien informés.

Le Cadoret
1 rue Pradier, 19e
01 53 21 92 13

5 € (le soir uniquement)

LES POTATOES

Mieux que beaucoup, beaucoup de frites : les potatoes «smashées» - écrasées et croustillantes donc - du petit restaurant californien Echo déjà auteur d'un excellent smash burger (trop gras pour certains). Même en livraison, ça tient.

Echo
95 rue d'Aboukir, 2e
01 40 26 53 21
echo-paris.com

5€

LE CHEESECAKE

Il y a pour moi un avant et un après ce cheesecake matcha, qui est l'un des desserts préférés au Japon et qui ne ressemble pas du tout à la version américaine. Visuellement, on dirait un cake dense mais l'esthétique est trompeuse : la bête - préparée par un chef originaire de Kobe - est un sommet d'humidité, aussi aérienne dans le palais que le bruit de la première bouchée (on croirait entendre des pas dans la poudreuse). Je l'ai mangée à moi seul alors que c'est pour huit.

Disponible chez Iné
29 rue d'Enghien, 10e
09 55 74 28 82

5,50€

LE AMLOU

Le supermarché le plus joli de la capitale, qui ne jette presque rien grâce aux préparations d'un des fondateurs, ex-cuisinier dans des grands restaurants. On trouve chez Miyam des pépites - seau de riz au lait, pâtes fraîches au poids - et le pot d'amlou, pâte à tartiner aux amandes et au miel à étaler sur le pain de semoule oriental, lui aussi fait maison.

Miyam
3 adresses à Paris
miyam.fr

5,90€

LE MILKSHAKE

Spécimen est un jeune et bon QG de burgers très mœlleux, avec sauces et boissons atypiques (jus de pomme pétillant et pimenté) mais on reste encore scotchés par le milkshake maison réalisé avec du beurre de cacahuète, du lait et du lait concentré. En termes de texture, on dirait presque un granité et malgré les ingrédients, ni sentiment trop gras ou trop sucré en bouche.

Spécimen Burger
3 rue Guisarde, 6e
specimenburger.com

6 €

LA GLACE EXOTIQUE

Voilà un très discret mais exceptionnel glacier (ouvert depuis 1976) dont la spécialité est les mélanges atypiques et exotiques. Tout est intense en goût, équilibré, avec une belle longueur en bouche. On est sous le charme des parfums kumquat-pastis, passion-poivre de Jamaïque ou encore le lychee-groseille mais honnêtement, il n'y a pas de mauvais choix ici. Salon de thé sur place.

La Tropicale
2 adresses à Paris
latropicaleglacier.com

6,50 € les deux boules

LES MAKIS

Un discret restaurant où l'on est accueilli depuis le comptoir par le patron et cuisinier japonais qui a des airs de papy gentil avec sa moustache blanche. Ne passez pas à côté des makis de peau de saumon grillé («shake kawa»). Ça croque un peu sous la dent, c'est fondant, tiède, légèrement gras : un pur délice.

Toritcho
47 rue du Montparnasse, 14e
01 43 21 29 97

6,50€ les six pièces

LE CHAUSSON AUX POMMES

Dans ce salon de thé pour vieilles dames trop coincées, voilà un chausson aux pommes qui détonne et montre qui a la plus grosse (il est long comme une baguette de pain et fait le double de l'assiette). Je viens pour lui et lui uniquement (quoi que, les fingers sandwichs sont délicieux) dans ce quartier sans vie où l'on demande ses visas (boutique de Trocadéro).

Carette
3 adresses à Paris
paris-carette.fr

7€ sur place

LA TABLETTE

Dégustée à température ambiante ou sortie du frigo, cette pièce à base de gianduja (le «Nutella» naturel) est la tablette de chocolat la plus addictive que je connaisse. À chaque partie de tennis jouée, c'est la récompense du filet gagnant. La recette a été imaginée par le chocolatier réputé Gilles Cresno installé en périphérie de Paris et la direction artistique reprend l'affiche d'Alfons Mucha, pilier de l'Art nouveau. Une marque dont les origines remontent à 1897 et qui a fait un *revival* récent grâce à un réalisateur de films passionné par les marques du patrimoine français.

Chocolat L'Idéal
Pas de boutique mais différents points de vente
chocolatideal.com

7€

LES DUNES BLANCHES

La mauvaise nouvelle, c'est que ces petits choux à la crème ne se conservent pas. La bonne, c'est qu'ils existent (depuis 2007 seulement, même s'ils ont acquis un statut iconique du côté du Cap-Ferret, aussi attendus sur place l'été que les fraises à la crème à Wimbledon). Croustillants à l'extérieur, ils renferment une crème à la texture de presque chantilly.

Chez Pascal Dunes Blanches
54 rue des Archives, 4e
09 87 01 68 78
dunesblanches.fr

7,20 € la boîte de six

LES NEMS

Cette institution de Belleville (pas besoin de réserver mais venez tôt ou tard) appelle ça «pâtés impériaux au porc» et ils sont croustillants et prédécoupés. Tout le monde (les locaux, les bobos, les touristes) adore venir dans ce temple de la cuisine laotienne et thaïe depuis la création en 1985, et c'est peut-être mon restaurant préféré. J'aime commander un thé au lait glacé, les nems puis un plat différent à chaque fois (la carte est kilométrique, vous êtes prévenus) avant le fameux flan au lait de coco.

Lao Siam
49 rue de Belleville, 19e
01 40 40 09 68

7,50 €

LE PARIS-BREST

Je n'aimais pas le paris-brest jusqu'à celui-ci, et le praliné qui déborde n'y est pas étranger. Le pâtissier star Yann Couvreur rajoute des petites choses caramélisées sur le dessus, en plus d'un praliné corsé qui amène une légère note de sel et fait de ce dessert un must.

Yann Couvreur
6 adresses à Paris
yanncouvreur.com

7,50 €

LA TARTE PISTACHE ET FLEUR D'ORANGER

Le dôme de mousse (aérienne) à la fleur d'oranger cache un généreux cœur coulant de praliné à la pistache, le tout sur une base de délicieuse pâte sablée. Fraîcheur, croustillant, intensité saline : il y a tout dans ce gâteau qui pourrait rester dans les annales sucrées parisiennes.

Le Jardin Sucré
156 rue de Courcelles, 17e
09 87 36 23 95
lejardinsucre.fr

7,50 €

LA GALETTE BRETONNE

Voilà une crêperie moderne excentrée dans le 20e arrondissement et qui s'avère être l'une des meilleures du genre. La galette complète au sarrasin est garnie de fromage et de jambon bien élevé de la boucherie voisine. Pâte bluffante, croustillante et fine. Idem pour la crêpe au caramel au beurre salé alors que je n'aime pas beaucoup ça en général.

Rond
21 rue du Transvaal, 20e
09 87 58 75 06

8€

LE SANDWICH AU FROMAGE

Qu'elle est jolie cette récente crémerie de poche ! À deux pas de la gare de Lyon, on y prépare à la commande des sandwichs avec un pain baguette dans les règles de l'art et, surtout, des fromages à la fière allure mêlés à d'autres beaux produits (ce qui donne par exemple un Brillat-Savarin avec concombre et huile d'olive). Quelques places assises à l'intérieur (et n'oubliez pas de repartir avec le fontainebleau assaisonné de gelées de fruits maison).

Olga
3 rue Michel Chasles, 12e
09 81 68 50 94

8,50 €

L'EAU PARFUMÉE

Je m'étais promis de n'inclure que du solide... avant de goûter les eaux aromatisées imaginées par Myriam Sabet, héroïne de la scène sucrée parisienne avec ses créations à mi-chemin entre la France et le Moyen-Orient. Mandarine de Sicile, mûre du Liban, rose de Damas, citron d'Amalfi : voilà un tour du monde délicat, à retrouver en boisson à l'eau de source ou en sirop.

Maison Aleph
2 adresses à Paris
maisonaleph.com

9 € la petite bouteille

LA TORTA DELLA CASA

Une recette que le patron tient de sa maman Lina, soit un excellent gâteau humide (que l'on dirait volontairement sous-cuit) à base de ricotta et… de courgette, lui-même recouvert de crème. Le best-seller de la maison. Zieutez aussi la brioche dans laquelle insérer des glaces et sorbets faits sur place.

Les Amis de Messina
2 adresses à Paris
restaurant.lesamisdesmessina.com

9€

LA TERRINE

Une terrine à réconcilier les pas fans du genre. Chez Billili, elle n'est pas sèche du tout, accompagnée de chutney d'abricot ou de confiture de raisins selon les jours. À l'intérieur, il y a de la gorge, de la poitrine et du foie de porc, et puis du porto aussi. Et du cognac. Il paraît qu'un «grand ingénieur» serait à l'origine de cette folie.

Billili
136 rue du Faubourg Poissonnière, 10e
09 87 76 27 49

10 € les deux belles tranches

LE TRIO DE GLACES

Il se passe rarement un mois sans que je ne commande ce trio infernal : fleur de lait, gianduja (du Nutella en mieux) et pistache. Respectez bien cet équilibre, ajoutez de la chantilly maison si vous le voulez et demandez le tout dans une jolie coupe en métal. Je me demande encore pourquoi le glacier Pozzetto n'est pas plus célébré...

Pozzetto
39 rue du Roi de Sicile, 4^{e}
01 42 77 08 64

Autour de 9 €

LE CHEESE-BURGER

En moins de trois ans, Dumbo a retourné la scène burger de Paris (et même de France) avec ses pièces «smashées» (la viande est cuite et écrasée sur une plancha brûlante pour la rendre fine et croustillante) qui rappellent les sources du burger. Minimaliste et déjà iconique.

Dumbo
2 adresses à Paris

10€

L'ÉCUME DE CHOCOLAT

Cet hôtel-restaurant, n'est pas mon genre en temps normal : trop modeux (burratisation de l'assiette et autres sympathiques travers). Et puis voilà que tombe du ciel une écume de chocolat tiède, soit une sorte de chocolat chaud mousseux où font trempette à l'abri des regards de la banane, du crumble et une glace vanille maison. Les pâtissiers doivent bondir en voyant cette soupe sucrée servie dans un restaurant mais l'époque veut du réconfort et je vois difficilement mieux en la matière.

Restaurant Edgar
31 rue d'Alexandrie, 2e
01 40 41 05 69

10€

L'ISPAHAN

Des gâteaux d'aujourd'hui qui passeront à la postérité parce qu'ils garnissent déjà une bonne partie des boulangeries du pays, il n'y en a pas beaucoup. Il n'y en a qu'un en fait : l'Ispahan de Pierre Hermé - créé en 1997 - dans lequel des framboises, des litchis et une crème aux pétales de rose sont pris en sandwich entre deux coques de macaron à la rose. Ça pourrait être écœurant, limite au goût savonneux, et c'est en fait l'une des plus belles pâtisseries vendues ces dernières décennies.

Pierre Hermé
9 boutiques pâtissières à Paris
pierreherme.com

10€

LA TARTE AU CARAMEL ET AU RIZ AU LAIT

Attention, vous ne voudrez pas partager cette petite merveille à la fois bombée, aérienne et à l'équilibre bluffant pour un café-brasserie (moderne). En plus des éléments cités plus haut, un siphon de yaourt grec et des tuiles de caramel viennent compléter le tableau. Un dessert né des repas du personnel.

Café Compagnon
22-26 rue Léopold Bellan, 2e
09 77 09 62 24

10€

LE GRATIN DE PÂTES

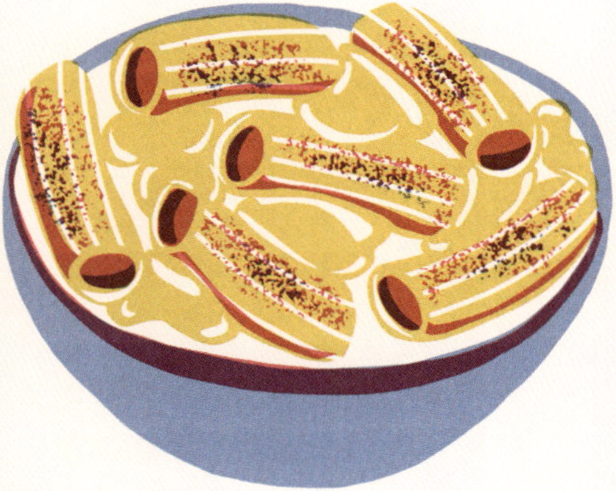

La volaille est la star unique de ce bistrot lancé par l'ex-chef 3 étoiles Antoine Westermann, mais c'est surtout le gratin de macaronis crémeux qui m'a tapé dans l'œil, cuisiné avec de la crème aigre au bouillon de volaille et du parmesan. Vous allez vouloir le refaire à la maison et la bonne nouvelle, c'est qu'une recette existe (*Coq Rico, la cuisine des belles volailles* aux éditions Marabout) et pour l'avoir testée plusieurs fois, elle marche très très bien.

Le Coq & Fils
98 rue Lepic, 18e
01 42 59 82 89

11 €

LE MEGA MEGA

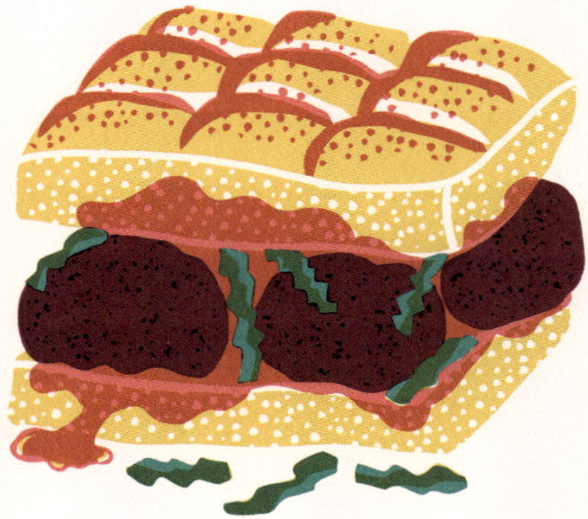

Le shop américano-tunisien de la cheffe Orly Zeitoun a mis le Paris de la food à ses pieds depuis son ouverture en 2021. Le sandwich dont je vais vous parler a même fait la une d'un supplément de *L'Obs*. Il s'agit du Mega Mega, composé de pain foccacia, boulettes de bœuf, fromage provolone fondu et sauce tomate. Des ingrédients simples mais un goût très particulier de nourriture italo-américaine qui fait le bonheur des États-Unis depuis des décennies.

Snack Attack
27 rue Marguerite de Rochechouart, 9e
09 53 81 76 53
snack-attack.fr

11 €

LES ŒUFS MAYO

C'était la raison première de ma visite dans le bistrot de la Tour d'Argent : aller voir si les œufs mayonnaise valent leur très officiel titre de champions du monde de la discipline en 2021. La réponse est un grand oui : la triplette de demi-œufs arrive avec une mayonnaise à la fois fine, voluptueuse et moutardée, le tout posé sur des sortes de compressés de pommes de terre passés par la case vinaigre et jus de poulet.

La Rôtisserie d'Argent
19 quai de la Tournelle, 5e
01 43 54 17 47

11 €

LE RÔTI DE VEAU ET MACARONIS

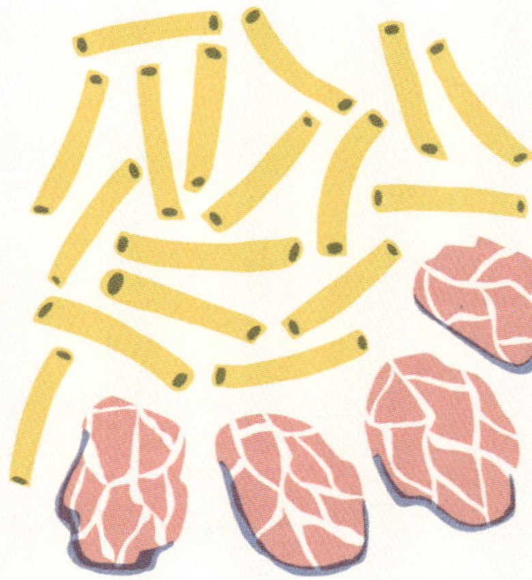

Il y a des choses qui ne changeront jamais, comme nos mères... ou le rôti de veau et macaronis du mardi au Petit Bar. S'il y a une puissance du lieux dans l'assiette, c'est bien là, dans cette île de poche - cernée par un palace - qui tient vaille que vaille et plonge dans l'Aveyron d'il y a un demi-siècle. Le genre de lieu où amener un patron du Medef pour le dérider ou un foodie pour le surprendre. Certains diront que le meilleur jour est le mercredi, pour le rosbif-frites de Marie Dalle, 90 ans : je suis ouvert au débat.

Au Petit Bar
7 rue du Mont Thabor, 1er
01 42 60 62 09

11,50 €

L'ÎLE FLOTTANTE

Mousse d'île flottante ? Ce n'est pas l'intitulé exact de ce très généreux dessert aux pralines roses et caramel servi au sein de ce bistrot traditionnel, mais c'est ce qui me vient à l'esprit en pensant à cette texture pas académique qui se noie dans la crème anglaise.

Le Paris Seize
18 rue des Belles Feuilles, 16e
01 47 04 56 33

12 €

LE MONT-BLANC

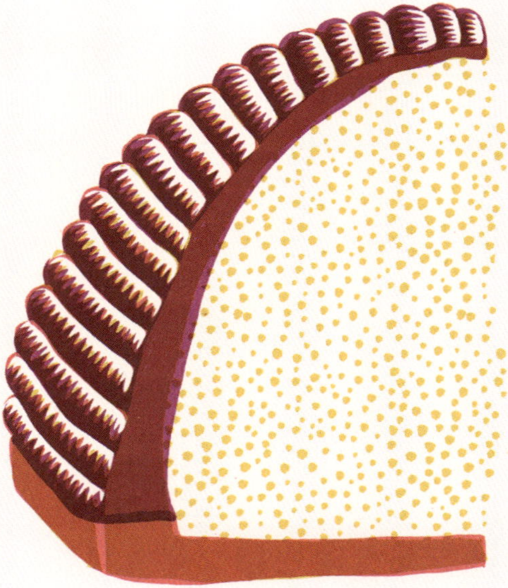

Mori Yoshida et Jean-Paul Hévin se hissent au sommet du classement d'un blogueur ayant goûté 47 pièces à Paris, mais mon préféré reste celui de la pâtisserie Bontemps, qui fait hurler de bonheur les Parisiens avec sa pâte sablée.

Bontemps
2 adresses à Paris
01 42 74 10 68
bontemps.paris

12 € sur place

LE KULFI

Le plus vieux restaurant indien de Paris (1967), le plus chic aussi. Tout est cher mais nettement meilleur que la majorité des autres indiens de la capitale. J'y ai découvert le curry au fromage et je ne termine jamais un repas sans la glace à la pistache - dite kulfi - avec sa texture unique très froide et aqueuse. Bonus : c'est ici que le créateur de l'établissement, André Risser, a inventé le... cheese naan.

Annapurna
32, rue de Berri, 8e
01 45 63 91 62
annapurna.paris

12,50 €

LA PRALULINE

C'est en 1955 qu'Auguste Pralus a mis au point sa fameuse brioche avec les pralines roses maison réalisées avec des amandes et noisettes passées au chaudron en cuivre et enrobées d'un sirop de sucre coloré naturellement. Une brioche cuite 40 minutes à 145 degrés et qui génère 70 % des revenus de l'entreprise. «Je plains toutes les personnes qui ne l'ont jamais goûtée», a dit un journaliste spécialiste du sucré. Pas mieux.

Pralus
3 adresses à Paris
chocolats-pralus.com

12,90 € la brioche de 600 g

LES CROQUETTES DE TAPIOCA

Au n°8 de la rue, côté droit, est posé le restaurant gastronomique étoilé du chef brésilien Raphael Rego. Juste à gauche est planté son bistrot, Fogo. On ne tombe pas seulement ici sur le meilleur directeur de restaurant de Paris (le Meilleur Ouvrier de France Yoann Grégory), il y a également ces *dadinho de tapioca*, petits cubes frits remplis de tapioca et de fromage, le tout surmonté de piments et gel d'agrumes. Un irrésistible encas avant d'enchaîner sur la cuisine à la braise des lieux.

Fogo
8 rue Meissonier, 17e
01 56 79 81 88
raphaelrego.com

13€

LE MILLEFEUILLE

S'il existait une dictature de la gastronomie, elle n'autoriserait les millefeuilles que dans les restaurants. Il a ici des airs de coussinet dodu, un feuilletage aérien et une crème diplomate plus légère que sa cousine pâtissière. À déguster dans ce bistrot méconnu mais fréquenté par des pointures, comme le chef 2 étoiles Michelin Christophe Pelé.

Le Mazenay
46 rue de Montmorency, 3e
06 42 83 79 52
lemazenay.com

13€

LE PÂTÉ EN CROÛTE

Je n'aime pas reprendre la communication officielle mais il faut bien reconnaître qu'il s'agit bien dans ce restaurant-boutique de «charcuteries- cuisinées», par un Meilleur Ouvrier de France charcutier qui ferait aimer le cochon à un militant L214. Notez aussi qu'Arnaud Nicolas est sans doute le meilleur traiteur de Paris, des carottes râpées à la choucroute.

Arnaud Nicolas
2 adresses à Paris
arnaudnicolas.paris

13 € la tranche en boutique
18 € au restaurant

LA PIZZA

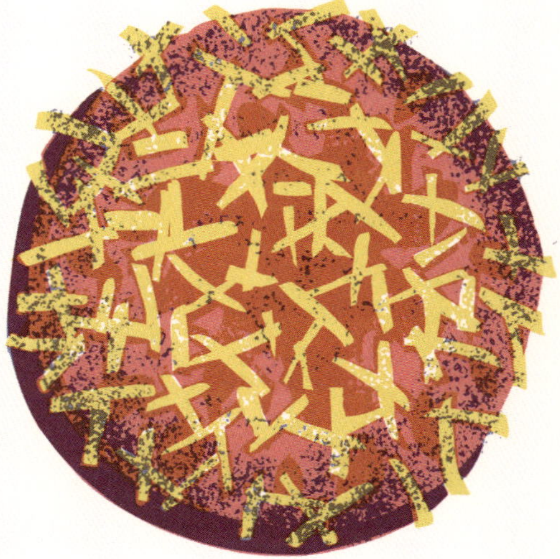

Les Romains sont des maîtres de la pizza. Là-bas, on l'aime le matin, rectangulaire, achetée dans une boulangerie avec uniquement de la sauce tomate ou de l'huile d'olive et de la mortadelle. Mais il existe un autre style romain : la pizza telle qu'on la connaît, ronde, plus fine et craquante que sa cousine napolitaine. Ave Pizza Romana excelle dans ce second registre depuis 2018, en particulier avec la margherita. Les places au comptoir sont sympas car proches du four.

Ave Pizza Romana
2 adresses à Paris
avepizzaromana.com

À partir de 13 €

LA TÊTE DE VEAU

Carpaccio de tête de veau plus exactement, un monument du genre, du style à bluffer les anti-abats. Il y a beaucoup de chair et un peu de gras dans cette jolie assiette aux très fins cercles de viande tachetés de câpres, d'oignons rouges en pickles et de pointes de sauce gribiche (mayonnaise aux cornichons).

Parcelles
13 rue Chapon, 3e
01 43 37 91 64
parcelles-paris.fr

13€

LE GASPACHO

Une soupe de tomates que le chef étoilé William Ledeuil prépare depuis vingt ans en Corse, «pour les copains». Dans son bistrot, il s'amuse à mariner ses tomates charnues en amont avec du vinaigre balsamique blanc, de la citronnelle et de l'ail avant d'inclure dans la recette non pas de la mie de pain mais de l'huile d'olive et des condiments en tous genres (crème d'olives, pâte d'artichaut). Disponible de juillet à fin septembre.

Kitchen Ter(re)
26 boulevard Saint-Germain, 5e
01 42 39 47 48

14€

LA « NAPO »

Quelle bonne idée qu'un Français devenu obsédé par la pizza argentine à Buenos Aires ait décidé d'exporter ça à Paris ! Il s'agit d'un format différent de ce que l'on connaît, avec une tonne de fromage filant (la muzza, fabriquée là-bas). Dans la « Napo », un classique local, les rondelles de tomates fraîches et la persillade viennent piquer le gras.

Paris Boca
32 rue Pierre Fontaine, 9e
01 83 92 59 91
parisboca.fr

14 €

L'OMELETTE SOUFFLÉE

Nous sommes ici dans l'anti-chambre de la Tour d'Argent, perchée au-dessus de l'immeuble. Pas de chichis aussi, moins en tout cas, avec un décor de bar de palace où l'on peut venir dès le petit déjeuner. L'un des secrets de l'adresse est l'omelette soufflée au jambon et au fromage, que plus personne ne propose dans les restaurants. C'est copieux, ludique, coulant, le tout en passant par la devanture légendaire de la Tour d'Argent.

Bar des Maillets d'Argent
15 quai de la Tournelle, 5e
01 40 46 71 25
tourdargent.com/le-bar-des-maillets-dargent

14 €

LES PROFITEROLES

Alain Ducasse ne fait pas comme tout le monde dans le bistrot emblématique qu'il a repris. Les profiteroles ? Le chocolat chaud issu de sa «manufacture» mais surtout de petits choux garnis non pas de glace mais d'une crème vanillée très légère. Qu'on se rassure : il y a bien une quenelle de glace, à part.

Allard
41 rue Saint-André des Arts, 6e
01 43 26 48 23
restaurant-allard.fr

14€

LE « SAUCISSON BRIOCHÉ »

Le jeune chef de l'adresse, d'origine calabraise, s'est amusé à proposer une version italienne du fameux saucisson brioché lyonnais. Avec lui, le saucisson devient une polpetta humide de cochon, la brioche – avec une belle élasticité – est faite maison ici-même et tout repose sur un lit de sauce tomate minute. Une petite bombe ! Le mercredi midi, le poulet-frites accompagné d'une sauce « creamy deluxe » maison attire les journalistes gastronomiques (mais pas que).

Candide
35 rue de Sambre-et-Meuse, 10e
01 83 87 99 93
candide.paris

14 €

LA FRISÉE AUX LARDONS

Brasserie sans âge ou presque (1964) avec une carte infinie écrite à la main. Pas besoin de saturer son estomac avec les plats XXL (turbot béarnaise, foie de veau au vinaigre, ris de veau aux morilles...) : on peut tout à fait prendre un œuf mayonnaise suivi de la frisée aux lardons qui arrive dans un saladier, avec salade et lardons donc, et énormément de vinaigrette pour pouvoir saucer à foison. S'il y a de la salade, c'est léger, n'est-ce pas?

Chez Georges
1 rue du Mail, 2e
01 42 60 07 11

15€

LE CHIRASHI

C'est une planque nippone minuscule que l'on n'a pas envie de refiler à trop de gens mais bon, allons-y : Kokoya donc, ouverte en 2010 par Chieko Fujimoto qui s'agite derrière son comptoir avec son talkie walkie depuis lequel elle passe les commandes aux cuisines situées au sous-sol. Cette quinqua japonaise a travaillé auparavant dans le restaurant Bizan, où officiait un maître sushi de Kyoto qui a notamment travaillé pour l'empereur de son pays. Chirashi (tranches de poisson sur un lit de riz vinaigré) de grande qualité, à faire suivre d'une crème brûlée au sésame noir remarquable.

Kokoya
5 rue des Batignolles, 17e
01 44 90 98 12

16€

LES CREVETTES

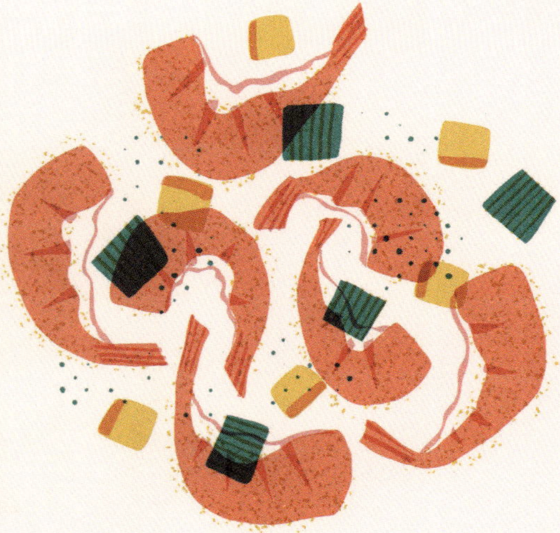

Pas sûr que le photographe et cuisinier Jean-François Mallet - 4 millions d'exemplaires vendus avec sa collection *Simplissime* chez Hachette - aimerait que je divulgue son adresse sichuanaise fétiche, mais plus on est de fous... Je ne me suis toujours pas remis des crevettes maison dites «au sel et au poivre», une recette typique où ces dernières sont entièrement frites, puis sautées. Étrange d'abord, diabolique ensuite parce qu'on ne peut pas s'arrêter d'engloutir une crevette après l'autre.

Resto des amis
1 rue Dulac, 15e
09 51 79 00 43
restodesamis.com

16,80 €

LES KEBBÉS AU YAOURT

Ancien avocat, Karim Haïdar a créé la plus belle lettre d'amour au Liban : un restaurant doté d'une seule table, pour que les clients échangent entre eux, et des recettes familiales et régionales que l'on ne trouve pas ou si peu ailleurs, comme le kebbé au yaourt, soit des boulettes de bœuf et des vermicelles de riz posés dans un bol recouvert de yaourt. Un voyage régressif.

Les Mots et Le Ciel
81 rue Olivier de Serres, 15e
06 73 96 71 46
lesmotsetleciel.com

17€

LE CHOCOLAT CHAUD

Les deux filles du chef pâtissier Matthieu Carlin ont de la chance, surtout si leur papa leur prépare le chocolat chaud du Crillon, réalisé avec plusieurs chocolats noirs, un au lait, de la crème et du lait entier. Je vous mets au défi : une tasse de chocolat chaud en appelle d'autres et crée instantanément une madeleine de Proust. Des grands-mères viennent jusqu'ici uniquement pour ça.

Hôtel de Crillon
10 place de la Concorde, 8e
01 44 71 15 00

18 €

LE FLAN

C'est l'un des nouveaux grands noms de la pâtisserie parisienne : Kevin Lacote. Ce dernier a ouvert sa boutique après un parcours rempli de grands restaurants étoilés. Son flan aussi est en or, avec un feuilletage très croustillant grâce à du caramel broyé et un intérieur onctueux au bon goût de lait et de vanille.

KL Pâtisserie
78 avenue de Villiers, 17e
01 45 71 64 84
klpatisserie.com

18 €

LA GAUFRE À LA VANILLE

Il n'y a pas de trace du général de Gaulle fréquentant des restaurants. Sa gaufre molle fourrée de beurre, de vanille et de sucre, il en était fou en revanche, se faisant livrer à l'Élysée comme dans son domaine de Colombey-les-Deux-Églises. D'autres aussi tombèrent dans le panneau de cette gaufre lilloise lancée en 1849 et pas des bleus (Winston Churchill, Jackie Kennedy).

Meert
2 adresse à Paris
01 49 96 56 90
meert.fr

18,50 € la boîte de six

LE SORBET AU CHOCOLAT

Le temple du chocolat moderne installé dans une charmante rue comestible. Oui, il s'agit bien d'un sorbet et non d'une glace, préparé avec de l'eau minérale et du sucre bio non raffiné. En bouche, c'est un enchantement : l'intensité d'un chocolat *bean to bar* (à partir des fèves de cacao contrairement à ce qui se fait habituellement) et un côté aqueux qui ne sature pas le palais. Encore !

Plaq
4 rue du Nil, 2e
01 40 39 09 54
plaqchocolat.com

20 € le pot de 430 g

LE POT-AU-FEU

L'émotion passe par le végétal, la preuve avec le pot-au-feu déroulé dans ce bistrot moderne par les chefs Romain Casas (ancien du restaurant parisien Le Carré des Feuillants, 2 étoiles Michelin à son sommet) et Tiphaine Mollard (ex du bistrot parisien étoilé Benoît d'Alain Ducasse). Il y a des gnocchis de courge à l'ossau-iraty, du panais, du chou rouge, des pleurotes et un bouillon au poivre blanc qui accueille tout ce beau monde. De la rondeur, de l'acidité aussi avec des pickles de légumes : un festival.

Deux Restaurant
58 rue de la Fontaine au Roi, 11e
09 74 97 47 52
deux-restaurant.fr

21€

LE VELOUTÉ

Le bouillonnant Stéphane Jégo - l'un des cuisiniers les plus doués de Paris - a pris le chemin de la toque en mémoire de la soupe crémeuse maternelle réalisée avec les premières asperges. Depuis, ce velouté réconfortant est servi à chaque début de repas comme un rituel, toujours avec du vieux parmesan et décliné selon les saisons (soupe froide de homard magistrale).

L'Ami Jean
27 rue Malar, 7e
01 47 05 86 89

21€

LE JOOJEH KEBAB

Pas la peine de préciser que Mazeh est le meilleur restaurant iranien de Paris mais quand même, reprécisons-le. Comme le veut la tradition persane, pas de banal poulet pour les brochettes mais un vrai blanc de coquelet - plus cher d'où les tarifs - que les cuisines apprêtent avec citron et safran. Brochettes humides et parfumées, que demande le peuple ?

Mazeh
65 rue des Entrepreneurs, 15e
01 45 75 33 89
www.mazeh.com

22 à 26€

LES NUGGETS

L'hôtel glamour (Grand Pigalle) qui abrite le restaurant du chef étoilé Greg Marchand a poussé le vice jusqu'à imaginer des nuggets... de ris de veau à tremper dans de la crème crue sur laquelle attendent sagement des grains de caviar. Vous ne pourrez plus dire que vous n'aimez pas les ris de veau.

Frenchie Pigalle
29 rue Victor Massé, 9e
01 85 73 10 46

22 €

LA SALADE CÉSAR

La cuisine 2 étoiles Michelin de la cheffe Stéphanie Le Quellec fait parler, mais il ne faudrait pas oublier qu'un coin bistrot existe aussi au comptoir et autour avec quelques sièges. La lauréate de Top Chef 2011 y sert une salade César exemplaire, sûrement des restes des hôtels George V et Prince de Galles où elle exerça. Clientèle dorée (le milliardaire Jacques-Antoine Granjon le jour de mon passage), on est à 300 mètres de l'Élysée.

Restaurant La Scène (bistrot)
32 avenue Matignon, 8e
01 42 65 05 61

22 € nature / 32 € volaille

LE BOUILLON GLACÉ

La cheffe coréenne Ji-Hye Park est discrète, tout le contraire de son plat explosif à la fois sucré et piquant (vous êtes prévenus), un généreux bouillon rouge glaçonné baptisé *mul-hue* et qui compile des petits morceaux de chinchard, des encornets blanchis, de la salade, du chou, des piments verts... (le bouillon change régulièrement et s'affiche parfois avec bulots, poulpe et autres joyeusetés de la mer).

Oma à l'hôtel Château des Fleurs
19 rue Vernet, 8e
01 47 20 41 73
chateaudesfleurs.paris

23€

LE COULANT AU CHOCOLAT

C'est le père de tous les coulants ou fondants au chocolat, mis au point par le chef Michel Bras en 1981 en clin d'œil à un souvenir de chocolat chaud d'hiver. Loin d'être un gâteau sous-cuit, le coulant Bras suit une mécanique exigeante : deux jours de boulot pour le noyau congelé et le biscuit à base de farine de riz et de poudre d'amandes. «Si c'était un thème de musique, ce serait le plus grand Grammy Award de l'histoire», a écrit le quotidien argentin *La Nación*.

La Halle aux Grains
2 rue de Viarmes, 1er
(Bourse de Commerce)
01 82 71 71 60 • halleauxgrains.bras.fr

24€

LES PERLES CÉLESTES

Boissier est le confiseur-chocolatier de la bourgeoisie de l'ouest parisien, mais on ne va pas laisser cette adresse historique (1827) à la haute. Je pense que j'aime encore plus leurs boîtes si caractéristiques que le contenu, mais tout de même, ces minuscules billes de sucre qui renferment un sirop de fruit ont du panache.

Boissier
3 adresses à Paris
maison-boissier.com

24€

LA LIÈVRE À LA ROYALE

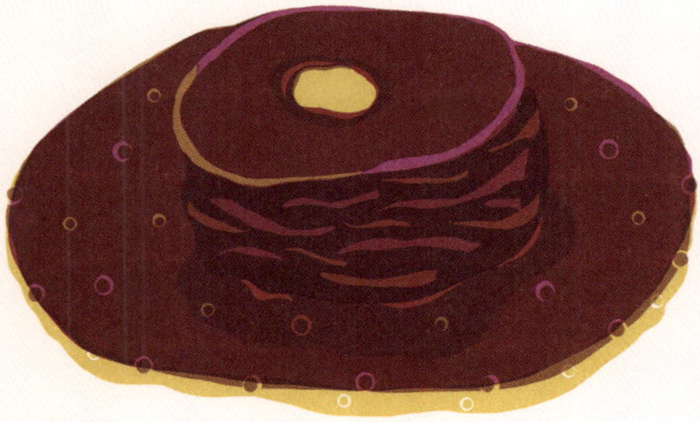

C'est ici que j'ai appris à vraiment aimer ce plat mythique de la gastronomie française, attendu comme une bénédiction chaque année par de grands gourmets. Pour casser la puissance du lièvre et surtout de la sauce au sang, le Bascou a la bonne idée de cuisiner des tagliatelles avec.

Au Bascou
38 rue Réaumur, 3e
01 42 72 69 25

28 € la demi-portion

LE CAKE MARBRÉ

J'étais emballé par le cake marbré de Yann Couvreur, puis par celui de François Perret à l'hôtel Ritz… mais le talent du prodige Maxime Frédéric a éclaboussé ses deux confrères d'où sa présence ici (avec une texture cristalisée sur le dessus). Merveille.

Maxime Frédéric chez Louis Vuitton
2 rue du Pont Neuf, 1er
09 77 40 40 77

30€ le cake entier

LE GÂTEAU À LA NOISETTE

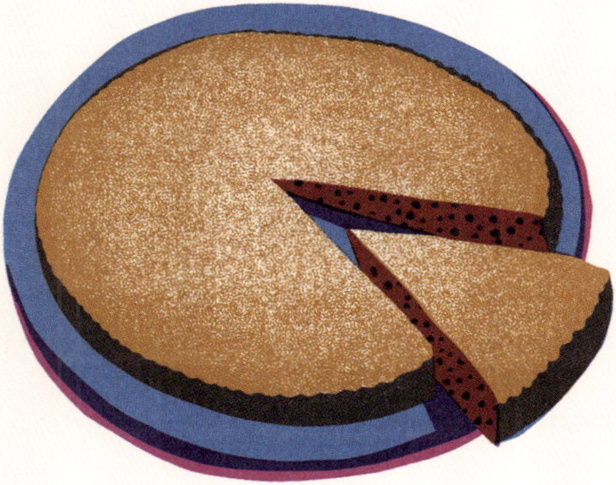

On ne dit pas assez que le bistrot de la médiatique cheffe Amandine Chaignot - ex-jurée de *Masterchef* - est un petit paradis sucré, ce qui n'est pas étonnant. Le gâteau à la noisette et à l'huile d'olive - sans gluten - est le climax du repas avec une humidité et un fondant à en avoir des frissons. Dans le café parisien de Chaignot (le Café de Luce à Montmartre), on retrouve également des tartes, servies à la tranche (9 €).

Pouliche
11 rue d'Enghien, 10e
01 45 89 07 56
poulicheparis.com

30 € pour 4 personnes

LES ROCHERS

Le faiseur de chocolats Patrick Roger - sculpteur d'impressionnantes pièces dans sa matière fétiche - vend les meilleurs rochers pralinés de Paris, et je défie quiconque de trouver mieux que ces (petits) cubes mignons. Préférez ceux au chocolat noir.

Patrick Roger
8 adresses à Paris
patrickroger.com

32 € la boîte de seize

LES CUISSES DE GRENOUILLES

C'est l'avantage des bistrots parisiens intemporels : ils rendent heureux sitôt assis. Chez Allard, adresse ayant pignon sur rue depuis 1932 (aujourd'hui propriété d'Alain Ducasse), ça commence par les cuissons de grenouilles «façon Fernand Allard». Traduction ? Des cuisses bien dodues, caramélisées sur le dessus, servies dans une cassolette avec les sucs et le jus de cuisson qui n'attendent que le riz apporté à part.

Allard
41 rue Saint-André-des-Arts, 6e
01 43 26 48 23
restaurant-allard.fr

38€

LE POIREAU

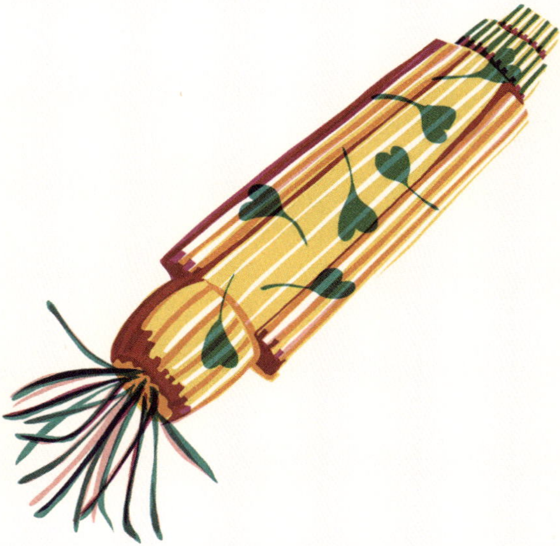

Venir dans un palace pour un poireau mais pas n'importe lequel (de poireau) : ce dernier est servi tiède, confit, et prédécoupé dans son habit naturel. Un poireau vinaigrette sensationnel que l'on doit à Alan Taudon, ex Géo Trouvetou du chef 3 étoiles Michelin Christian Le Squer (le grand resto du George V). Retenez bien son nom.

Four Seasons George V
31 avenue George V, 8e
01 49 52 70 00

39 €

LES PRALINÉS

Ces bonbons de chocolat fourrés sont décrits comme des «pralinés à l'ancienne». Je les qualifie d'adultes, à la texture brute et au goût corsé. Son créateur, désormais exfiltré, les a imaginés quasi assaisonnés, avec des fruits secs exceptionnels dénichés en Italie.

Le Chocolat Alain Ducasse
40 rue de la Roquette, 11e
01 48 05 82 86
lechocolat-alainducasse.com

40 € le coffret de ving-sept pièces

LES CRÊPES SUZETTE

C'est pour moi le plus beau restaurant de Paris, avec son entrée comme on n'en fait plus, son petit ascenceur et son toit ouvrant en salle, d'une modernité folle à l'époque. Il faudra mettre la veste ici, mais vous ne le regretterez pas, au moins pour les crêpes Suzette flambées au Grand Marnier qui baignent dans leur jus à la fois beurré et acide. On ne fait pas mieux dans la capitale.

Lasserre
17 avenue Franklin Delano Roosevelt, 8e
01 43 59 53 43

42 €

LES GOUGÈRES

C'est une très, très bonne surprise qui arrive avant l'entrée : trois énormes gougères au fromage à l'humidité presque insensée. J'ai avalé des kilos de gougères, notamment dans des restaurants gastronomiques multi-étoilés au guide Michelin, mais jamais des comme ça.

Benoît
20 rue Saint-Martin, 4^{e}
01 42 72 25 76
benoit-paris.com

42€ le menu déjeuner
(une affaire, vraiment!)

LES LASAGNES

Je ne sais pas si on peut tomber amoureux de lasagnes mais c'est ce qui m'est arrivé chez Carboni's, un restaurant italien moderne magnifiquement décoré. Le moule blanc qui arrive sur table est copieux avant que l'on se mette à penser qu'il ne l'est finalement pas assez. Car ce sont les lasagnes parfaites : crémeuses mais avec de la mâche, du gras délicat, pas d'excès de sauce tomate...

Carboni's
45 rue de Poitou, 3e
01 42 72 49 12

42€

LES CARAMELS DE FRUITS

Il faudrait toujours avoir avec soi une boîte de caramels. Au cas où. Non seulement la boîte métallique de Jacques Genin a un sacré look mais - ce qui ne gâche rien - le contenu est béni des dieux après avoir fait le bonheur des fins de repas dans plusieurs palaces de la capitale. Dans ma boîte idéale : deux ou trois caramels «classiques» et surtout des caramels à la mangue.

Jacques Genin
2 adresse à Paris
jacquesgenin.fr

44€ la boîte de 300 g

LA BOUILLABAISSE

Il s'agit d'une version inspirée de celle du Breton Pierre Prigent qui fut le premier chef français à ouvrir un restaurant... à Tokyo (en 1973). Sa bouillabaisse est devenue légendaire là-bas auprès des gourmets et le chef Masahiro Kawai l'a exportée à sa sauce. Elle est orange fluo, sans safran, plus ronde, plus veloutée, avec du homard. Un grand plat et c'est un Marseillais qui écrit. La soupe de poissons, avec des rondelles de chorizo et du parmesan, vaut elle aussi le détour.

Chez Michel
10 rue de Belzunce, 10e
01 44 53 06 20 • restaurantchezmichel.fr

48€ le menu + 12€
de supplément bouillabaisse

LE RIZ AU LAIT

Comme d'autres disciples d'Yves Camdeborde, le chef Masahiro Kawai (voir ci-contre) affiche à sa carte le fameux riz au lait du maître, mais le Japonais l'accompagne en plus d'une compotée aux fruits (poire, pomme, kiwi, banane, fruits secs) et de granola maison. Avec ce mélange envoûtant, j'ose dire que c'est le meilleur riz au lait jamais goûté.

Chez Michel
10 rue de Belzunce, 10ᵉ
01 44 53 06 20
restaurantchezmichel.fr

48€ le menu

LA SAUCE AU POIVRE

C'est le plat que l'on aimerait se voir servir à la descente d'un Airbus après un long voyage à l'étranger. Le bistrot parisien dans son jus, avec les humeurs du patron pas joyeuses quand on ne s'appelle pas Carla Bruni, mais que serait Paris sans elles ? On ne rigole pas ici, la viande s'accompagne d'un énorme bol de sauce au poivre (à la texture crémeuse) que l'on regrettera dès le lendemain. Vive la France !

Les Gourmets des Ternes
87 boulevard de Courcelles, 8e
01 42 27 43 04

48€

LA PURÉE

Joël Robuchon n'a pas inventé la purée mais il a rendu la sienne si addictive (et si beurrée) qu'elle est entrée dans la mythologie à fourchette. Même si vous commandez un plat de pâtes, la purée arrivera sur table, fière. Des clients la redemandent au dessert. Quant aux cuisiniers de la maison, on en connaît certains qui adorent tremper leurs frites dedans, privilège des employés!

Joël Robuchon à Paris
2 restaurants à Paris

À partir de 49 € le déjeuner

LE CLUB SANDWICH

C'est un sandwich hors de prix, mais il vaut chaque centime (frites correctes mais on n'est pas là pour ça). D'abord, on peut le manger à toute heure au bar (demandez les places à l'extérieur de ce dernier, dans les très confortables fauteuils du couloir). Ensuite, sa volaille est la Rolls du genre, un mélange de morceaux qui proviennent d'une ferme normande (les Poulardes de Culoiseau) qui a mis tous les grands chefs par terre, de Pierre Gagnaire à Thierry Marx.

Bar 228 à Le Meurice
228 rue de Rivoli, 1er
01 44 58 10 10

52 €

LES ESCALOPES DE BAR AU GINGEMBRE

Le Duc n'est plus le restaurant à la mode qu'il fut à la fin des années 1960 (à une époque où il proposa le premier du poisson cru à sa carte), mais il y a toujours ici cette ambiance très particulière de restaurant-club à l'abri de Paris (surtout le soir). Le plat d'escalopes de bar au gingembre convoque la fraîcheur, la rondeur et l'épicé et ravit les VIP (François Hollande et Roberto Benigni) comme les anonymes.

Le Duc
243 boulevard Raspail, 14e
01 43 22 59 59
restaurantleduc.com

52€

LA CÔTELETTE DE VEAU

Est-ce un chef-d'œuvre ? Le chef 3 étoiles Michelin italien Niko Romito a fait fort avec sa pièce de viande à la milanaise accompagnée de blettes (pour l'amertume). L'addition est salée bien sûr - prix palace - mais je n'avais jamais mangé une telle chose : pas de gras ici, une cuisson rosée de bout en bout et une panure finement croustillante. Il paraît que la côtelette est cuite vapeur, qu'elle se repose pendant trois jours et qu'il n'y a pas d'œuf dans la panure mais de l'amidon de riz. Génie.

Bvlgari Hôtel
30 avenue George V, 8e
01 81 72 10 00

72 €

LA CÔTE DE VEAU À LA CRÈME

Est-ce cher ? Horriblement. Mais l'Ami Louis, 100 ans cette année, est le plus célèbre bistrot de la capitale, on y va pour être assis serrés à côté de célébrités du monde entier (Bill Clinton y a dîné avec Chirac, qui lui-même s'était fait servir pour son anniversaire le célébrissime poulet-rôti-frites de l'adresse... à l'Élysée !). Plutôt que la volaille, optez pour la côte de veau à la crème et aux champignons, un plat ultra-réconfortant que l'on ne trouve quasi plus à Paris aujourd'hui.

L'Ami Louis
32 rue du Vertbois, 3e
01 48 87 77 48

82 €

LA CÔTE DE BŒUF

Un repas chez Grande Brasserie est une fête, j'y ai d'ailleurs réveillonné en 2021. Le décor est d'époque malgré la jeunesse de l'affaire, l'équipe de salle est formidable. Et puis il y a cette côte de bœuf à partager, déjà pré-découpée, accompagnée de salade bien assaisonnée, de frites sans défaut et surtout d'un bol de sauce béarnaise dans lequel on a envie de plonger (rab accepté).

Grande Brasserie
6 rue de la Bastille, 4e
09 75 80 99 72
grandebrasserie.fr

95€ pour 2 personnes

LE MAQUEREAU

Voilà un plat en sauce fabuleux où rondeur et amertume se répondent plusieurs fois : chair du poisson et vin blanc, pommes de terre fondantes et poutargue... Le chef Jérôme Banctel visait dès le départ 3 étoiles au guide Michelin, et cette assiette n'est sans doute pas étrangère à la récompense ultime obtenue en mars 2024.

Le Gabriel (hôtel La Réserve)
42 avenue Gabriel, 8e
01 58 36 60 50
lareserve-paris.com

À partir de 98 € le menu déjeuner

LE VOL-AU-VENT

Un vol-au-vent pas scolaire du tout, au feuilletage impressionnant, évanescent même (il aurait nécessité trois cuissons, merci au mécano F1 de la pâtisserie, le Meilleur Ouvrier de France Angelo Musa). On le doit au Top Chef 2012 Jean Imbert et à son équipe qui le servent avec des écrevisses, des crêtes de coq et d'autres petits morceaux de viande cuits à la perfection, le tout accompagné d'un jus sirupeux à verser où vous voulez.

Jean Imbert au Plaza Athénée
25 avenue Montaigne, 8e
01 53 67 65 00

108 €

LA SALADE

Après Laguiole et le «gargouillou de légumes» de la légende de la cuisine Michel Bras, voilà Paris et une autre «salade» désormais inscrite dans les annales de la gastronomie : celle du chef japonais Kei Kobayashi. Une écume qui abrite tout un tas de choses ainsi que du saumon. Un fin palais avait décrété que la présence de ce dernier empêcherait le restaurant d'obtenir une 3e étoile Michelin : on connaît la suite...

Kei
5 rue Coq Héron, 1er
01 42 33 14 74
restaurant-kei.fr

À partir de 158 € le menu déjeuner

LES FRUITS CONFITS

Le chef pâtissier Aurélien Rivoire s'est creusé la tête pendant des années afin d'obtenir ce qu'il voulait : de délicieux fruits confits mais sans saccharose, grâce à la présence de sucre de bouleau et un séchage de plusieurs mois. Une petite révolution qui a des airs de vieux comté (pour l'ananas par exemple) et qui met KO les fruits confits d'une bonne partie des concurrents.

Alléno & Rivoire
2 adresses à Paris
chocolat-allenorivoire.fr

198 € le kilo

LES AUTRES CHOSES QUE JE VEUX TESTER

1 .... ☐

....

....

2 .... ☐

....

....

3 .... ☐

....

....

4 .... ☐

....

....

5 .... ☐

....

....

C'est bon, c'est testé ?
Cochez la case !

6 .... ☐

....

....

7 .... ☐

....

....

8 .... ☐

....

....

9 .... ☐

....

....

10 .... ☐

....

....

11..

....

....

12..

....

....

13..

....

....

14..

....

....

15..

....

....

16 ....

....

....

17 ....

....

....

18 ....

....

....

19 ....

....

....

20 ....

....

....

LES 99 (33X3) CHOSES PAR LES

EXPERTS DE LA GASTRONOMIE

Achevé d'imprimer en août 2024
chez Florjancic, Slovénie.

7e

8e

9e

10e

11e

12e

13e

14e

15e

16e

17e

18e

19e

20e

AKA EN RANG D'OIGNONS (INSTAGRAM)

Raphaële Marchal

Persillé de chèvre
Fromagerie Quatrehomme (4 adresses à Paris)
42,10 € le kilo

Pancakes maïs, praliné amande et bananes
Restaurant Mesa de l'hôtel Hoy, 9e
16 €

Sushi au thon gras, algue, shiso et fleur de sel
Restaurant L'Abysse au Pavillon Ledoyen, 8e
à partir de 180 € le menu

CHRONIQUEUSE TRÈS TRÈS BON (PARIS PREMIÈRE)

Mina Soundiram

Baos au comté
Restaurant Double Dragon, 11e
9 € les deux pièces

Cookie avoine-chocolat
Coffee shop Mokonuts, 11e
2,50 €

Sundae vanille, coulis de pêche et amande
Pizzeria Rori, 11e
8 €

PÂTISSIER

Pierre Hermé

Caviar d'aubergines
Traiteur Sacha Finkelsztajn, 4e
59 € le kilo

Dessert à la truffe blanche
Restaurant Marsan, 6e
420 € le menu truffe

Jambon Le Prince de Paris
Par l'entreprise Doumbea

CHAÎNE EN LIGNE C'EST MEILLEUR QUAND C'EST BON

Emmanuelle Jary

Palets d'or
Chocolaterie Bernarchon, 6e
18,10 € les 80 g

Pigeon de Racan
Épicerie Bellorr, 7e
12 €

Koulibiac
Traiteur Kaviari Delicatessen (6 adresses à Paris)
85 € le kilo

PHOTOGRAPHE, REPORTER ET AUTEUR DES LIVRES SIMPLISSIME

Jean-François Mallet

Porc Mao sauce rouge (16,80€)
Restaurant L'Orient d'Or, 9e

Pizza Marinara (9€)
Restaurant La Vera Pizza Napolitana, 15e

Tarte fine sablée au cacao amer, crème glacée vanille (40€)
Restaurant L'Ambroisie, 4e

ÉCRIVAIN ET EX-RÉDACTEUR EN CHEF DU GUIDE MICHELIN

Gautier Battistella

Homard mi-cru mi-cuit (À partir de 400€ le menu)
Restaurant Table, 12e

Poulpe rôti (38€)
Restaurant Les Délices d'Aphrodite, 5e

Côte de cochon panée (27€)
Restaurant Bonvivant, 5e

DG ADJOINTE DU FOODING

Christine Doublet

Sandwich jambon-œuf-cerfeuil (8€)
Chez Aline, 11e

Granola maison sumac et zaatar (12€)
Café Partisan, 3e

Nem thadeua (salade de riz croquante au porc fermenté) (11€)
Restaurant Thaï-Vien, 13e

CRITIQUE GASTRONOMIQUE LE FIGARO

Emmanuel Rubin

Pavé du Mail, crème moutarde (39€)
Restaurant Chez Georges, 2e

Mussipontain (7,10€ la pièce)
Pâtisserie Sébastien Gaudard, 9e

Chou farci (27€)
Restaurant Le Florimond, 7e

AUTEURE DE LIVRES CULINAIRES

Chihiro Masui

Feuilleté de truffes
Restaurant L'Ambroisie, 4e
disponible en hiver 280-300€

Cheesecake mœlleux
Restaurant Zakuro, 2e
12€

Meringue et crème de gruyère
Saisons Fromagerie, 3e
9,90€ le sachet et 7,90€ le pot de crème

CHRONIQUEUR TRÈS TRÈS BON (PARIS PREMIÈRE)

Jordan Moilim

Mafé et aloccos
Cantine de Babelville, 11e
11,10€

Tarte tatin
Boulangerie Dupuy, 9e
4,10€ la part, 26€ pour 5 personnes

Poitrine de porc à la peau de tofu
Restaurant Feel Ling, 16e
11€ seul et 14,50€ en menu

PATRONNE DES BOULANGERIES POILÂNE

Apollonia Poilâne

Éclair matcha
Pâtisserie La Vieille France, 19e
19,60€ pour 4 personnes

Fromage de tête
Charcuterie Maison Vérot (5 adresses à Paris)
35,10€ le kilo

Gâteau «patate»
Chocolaterie Jean-Paul Hévin (8 adresses à Paris)
4,80€

EX-JOURNALISTE GASTRONOMIQUE LE POINT

Thibaut Danancher

Tarte citron-basilic
Pâtisserie Jacques Genin, 3e
8€

Gigot d'agneau de lait persillé
Restaurant La Poule au Pot, 1er
108€ pour 2 personnes

Sandwich saucisson-beurre-cantal
Petit-Vendôme, 2e
8€

CORRESPONDANTE D'EATER.COM À PARIS

Lindsey Tramuta

Baba au rhum
Pâtisserie Stohrer, 2e
5,80€

Pudding japonais avec crumble et chantilly
Coffee shop
Dreamin'Man, 11e
8€

Œufs à la diable
Bar Le Mary Celeste, 3e
8€

JOURNALISTE GASTRONOMIQUE LE MONDE

Léo Bourdin

Nouilles dàndàn au tofu
Toutofu, 11e
16€

Feuilleté jambon-gruyère
Pâtisserie Maison
Mulot, 6e
33€ le kilo

Île flottante
Restaurant Paul Bert, 11e
10€

AUTEURE DE LIVRES CULINAIRES ET AGENT DE CHEFS

Hélène Luzin

Entrecôte-frites
Restaurant
Le Relais de Venise, 17e
30€

Tarte soufflée au chocolat
Restaurant Le Tout Paris, 1er
21€

Smørrebrøds
Traiteur Kaviari Delicatessen
(6 adresses à Paris)
13€

AKA MON PANAME (INSTAGRAM)

Xavier Vankerre Brouck

Chou farci
Restaurant Les Arlots,
10e
28€

Terrine du père Jégo
Restaurant L'Ami Jean, 7e
20€

Cassoulet
Restaurant Auberge
Pyrénées Cévennes, 11e
37€

JOURNALISTE GASTRONOMIQUE

Zazie Tavitian

Tarama
Restaurant-épicerie Adar (2 adresses à Paris) — 7,50 € la barquette de 150 g

Poulet frites et creamy deluxe
Restaurant Candide, 10e — 16 €

Soupe de raviolis de crevettes sans nouilles
Restaurant Fleurs de mai, 13e — 12,50 €

CO-FONDATRICE DES RESTAURANTS PRIVÉ DE DESSERT

Sophie Journo

Os gouttière et tartare de bœuf
Restaurant Chez Marius, 10e — 22 €

Mini plat parotta
Restaurant Muniyandi Vilas, 10e — 5 €

Saucisson sec du Pontic aux algues
Fromagerie Au Lait Cru, 18e — 8,60 €

AUTEURE DE LIVRES CULINAIRES

Victoire Loup

Clamatarte
Pâtisserie Tapisserie, 11e — 7,50 € (pas pendant l'été)

Moutarde non broyée
Traiteur Lastre sans apostrophe, 7e — 6,90 €

Labne et petites pitas
Coffee shop Mokonuts, 11e — 8 €

JOURNALISTE KONBINI FOOD

Robin Panfili

Sandwich merguez et frites
Fast food Les Dunes, 11e — 8 €

Pannacotta noisette
Restaurant Mulino Mulé, 10e — 8 €

Choucroute au jarret de porc
Brasserie Lipp, 6e — 26,50 €

RESTAURANTS ET REVUE FULGURANCES

Sophie Cornibert

Bretzel (1,70€)
Boulangerie La Petite Alsacienne, 14e

Chicorée latte au lait d'avoine (5€)
Coffee shop On Partage, 11e

Gâteau « Petit prince et sa rose » aux noisettes et chocolat (34€ pour 4 personnes)
Pâtisserie Bontemps, 3e

BLOC 716 LA VIE

Guillaume Le Roux

Escalope viennoise (21€)
Auberge Saint-Jean-de-Luz, 16e

Garantita (3,70€)
Snack Kaliente, 10e

Phô (13€)
Restaurant May Hong, 13e

AKA HUNGRY CONSTI (INSTAGRAM)

Constance Lasserre

Croque-monsieur (21€)
Boulangerie Carré Pain de Mie, 4e

Chicken rice (15€)
Restaurant The Hood, 11e

Riz au lait cardamome et fève de tonka (5,50€)
Restaurant Taco Mesa, 10e

JOURNALISTE SPÉCIALISTE DU SUCRÉ

Gilbert Pytel

Tartelette à l'orange (6,20€)
Chocolaterie Jean-Paul Hévin (8 adresses à Paris)

Tarte Infiniment vanille (10€)
Pâtisserie Pierre Hermé (8 adresses à Paris)

Chausson aux pommes (3,10€)
Pâtisserie Des Gâteaux et du Pain (2 adresses à Paris)

CRITIQUE GASTRONOMIQUE

François Simon

Saint-honoré au thé Hojicha (7,30€)
Pâtisserie Rayonnance, 17e

Curry japonais avec Ryoko Sekiguchi (8,90€)
Épices Roellinger, 2e

Écouter « Single Pigeon »
de Paul McCartney en croquant une tranche de pain Ten Bells avec de grosses lamelles de beurre relevé à la fleur de sel flambée XO grand cru de Batz

JOURNALISTE GASTRONOMIQUE

Émilie Laystary

Galettes de riz porc citronnelle et nems (18,60€)
Restaurant Dong Huong, 11e

Khinali (raviolis géorgiens) (15€)
Maison de la Culture Arménienne, 9e

Chikwangue (pain de manioc enveloppé dans des feuilles de bananier) (3,99€)
Épicerie Goa, 10e

CUISINIER ET RESTAURATEUR

Alexandre Giesbert

Tonkatsu ramen noir (15,80€)
Restaurant Hakata Shoten, 1er

Œuf mayonnaise au caviar (19€)
Restaurant Clamato, 11e

Bao au stilton et cerise amarena (190€ le menu)
Restaurant Yam Tcha, 1er

ÉCRIVAINE

Ryoko Sekiguchi

Glace rose et brebis (13,90€ les 500 mL)
Pâtisserie Maison Aleph (2 adresses)

Knafeh (48€ le kilo)
Traiteur-épicerie Les Mots et Le Ciel, 15e

Eau de zaatar (autour de 8€)
Levanthym
Plusieurs points de vente à Paris

AKA SAUCE GRIBICHE (INSTAGRAM)

Aïtor Alfonso

Mozzarella fumée à la coupe — 22 € le kilo
Épicerie Paisano Alimentari, 11e

Sorbet chocolat extra noir — 2,50 € le cornet, 12 € le demi-litre
Glacier Berthillon, 4e

Tripes à la romaine — 16 €
Restaurant Passerini, 12e

JOURNALISTE GASTRONOMIQUE LIBÉRATION

Kim Hullot-Guiot

Veau confit au caramel — 17 €
Restaurant Do et Riz, 12e

Écrasé de pomme de terre au caviar maturé — 29 €
Restaurant Petrossian, 17e

Choux chantilly — 1 - 1,50 €
Boulangerie Mamiche (2 adresses à Paris)

AKA LES TASTERS (INSTAGRAM)

Joris Bedeau

Shawarma — 12 €
Restaurant Broche, 2e

Sandwich Reuben — 13 €
Will's Deli (2 adresses à Paris)

Mousse au chocolat — 6,80 € les 100 g
Chocolaterie Plaq, 2e

DESIGNER CULINAIRE

Marion Chatel-Chaix

Pancakes beurre et sirop d'érable — 9,50 €
Coffee shop Holybelly, 10e

Burger à l'avocat — 14,50 €
Restaurants PNY (8 adresses à Paris)

Glace sundae vegan — 4,50 € les 100 g
Restaurant Plan D, 10e

CO-FONDATEUR DU GROUPE PIERRE HERMÉ

Charles Znaty

Soupe au saté sans boulettes
Restaurant Dong Huang, 11e

11,80€

Combo sac de coq et tête de chou fleur
Restaurant Miznon (3 adresses à Paris)

14,50€ le sac de coq et 8€ le chou-fleur

Jambon persillé
Charcuterie Maison Verot (6 adresses à Paris)

9,50€ la tranche de 250 g

INDEX ALPHABÉTIQUE DES 99 CHOSES

INDEX SALÉ DES 99 CHOSES

INDEX SUCRÉ DES 99 CHOSES

INDEX PAR ARRONDISSEMENT DES 99 CHOSES